PLANETA ANIMAL

LA MEDUSA

POR VALERIE BODDEN

CREATIVE EDUCATION • CREATIVE PAPERBACKS

Publicado por Creative Education
y Creative Paperbacks
P.O. Box 227, Mankato, Minnesota 56002
Creative Education y Creative Paperbacks son marcas
editoriales de The Creative Company
www.thecreativecompany.us

Diseño de The Design Lab
Producción de Rachel Klimpel
Dirección de arte de Rita Marshall
Traducción de TRAVOD, www.travod.com

Fotografías de Alamy (Creative Nature Media, Ethan
Daniels, WaterFrame, Yuen Man Cheung), Corbis
(Norbert Wu/Science Faction), Dreamstime (Aizhong
Wang, Idpeacev, Serban Enache), Flickr (Mandie),
Getty (Gang Song / EyeEm, Image Source), iStock
(NonChanon), Minden Pictures (Hiroya Minakuchi),
Shutterstock (Eric Isselee)

Library of Congress Cataloging-in-Publication Data
Names: Bodden, Valerie, author.
Title: La medusa / by Valerie Bodden.
Other titles: Jellyfish. Spanish
Description: Mankato, Minnesota: Creative Education and
Creative Paperbacks, 2023. | Includes index. | Audi-
ence: Ages 6–9 | Audience: Grades 2–3 | Summary:
"Elementary-aged readers will discover jellyfish that can
glow in the dark. Full color images and clear explanations
highlight the habitat, diet, and lifestyle of these fascinating
ocean animals"—Provided by publisher.
Identifiers: LCCN 2022007744 (print) | LCCN
2022007745 (ebook) | ISBN 9781640266933 (library
binding) | ISBN 9781682772492 (paperback) | ISBN
9781640008342 (ebook)
Subjects: LCSH: Jellyfishes—Juvenile literature.
Classification: LCC QL377.S4 B63518 2023 (print)
| LCC QL377.S4 (ebook) | DDC 593.5/3—dc23/
eng/20220315
LC record available at https://lccn.loc.gov/2022007744
LC ebook record available at https://lccn.loc.
gov/2022007745

Tabla de contenidos

*El 95 por ciento
del cuerpo de la
medusa es agua.*

La medusa es un animal marino con forma de campana. En realidad, no es un pez. Es un **invertebrado**. No tiene ni huesos, ni sangre, ni cerebro. En el mundo, hay unos 200 tipos de medusas.

invertebrados animales que no tienen columna vertebral

Algunas medusas tienen cuatro brazos que cuelgan de su boca.

Muchas medusas tienen cuerpos transparentes. Pero algunas son rosas, naranjas, azules o rojas. Muchas, emiten un brillo azul o verde. De su cuerpo cuelgan largos **tentáculos**. Los tentáculos pueden picar.

tentáculos extremidades flexibles

La medusa más pequeña es del tamaño de tu pulgar. Pero la más grande puede medir seis pies (1,8 m) de ancho. Los tentáculos de algunas medusas pueden llegar a medir más de 100 pies (30,5 m). ¡Más largos que una cancha de básquetbol!

La medusa melena de león es la medusa más grande que se conoce.

Las medusas que viven en aguas oscuras suelen poder emitir su propia luz.

Las medusas viven en todos los océanos del mundo. A muchas, les encantan las aguas cálidas. Otras, viven en partes profundas y frías del océano.

océano un área grande de agua profunda y salada

La medusa se traga la comida entera.

La medusa come casi cualquier cosa que atrape con sus tentáculos. Sus alimentos favoritos son el **plancton**, los camarones, cangrejos y peces pequeños. ¡Algunas incluso se comen a otras medusas!

plancton plantas y animales diminutos que flotan en los océanos y otros cuerpos de agua

Un pólipo se alimenta durante semanas antes de cambiar de forma.

La vida de la medusa inicia en forma de huevo. El huevo cae al suelo marino. Se convierte en un **pólipo**. Al pólipo le salen tentáculos diminutos. Después, se divide en partes pequeñas. Cada parte se convierte en una medusa bebé. Muchas medusas viven un año o menos. Algunos tipos de medusas pueden vivir hasta 30 años.

pólipo animal en forma de tubo con una boca rodeada de tentáculos pequeños

Algunas personas le llaman "banco" o "floración" a un grupo de medusas.

Para moverse, la medusa puede apretar su cuerpo, que tiene forma de campana. Pero las medusas principalmente son transportadas por las **corrientes** de los océanos. A veces, miles de medusas van juntas, flotando a la deriva. Así es fácil que los **depredadores** las cacen. A las tortugas marinas, los tiburones y los atunes les gusta comer medusas.

corriente el movimiento de las aguas marinas

depredadores animales que matan y se comen a otros animales

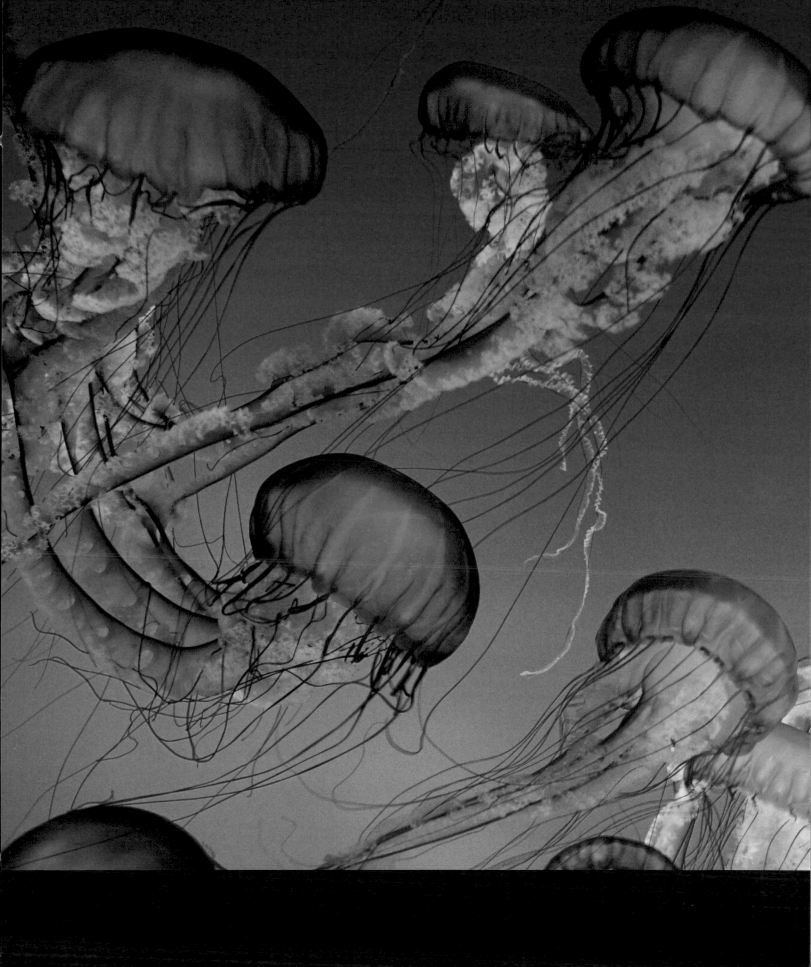

Las tormentas en el mar frecuentemente avientan a las medusas a las playas. Las medusas no pueden moverse en la playa. Pero, a veces, sus tentáculos aún pueden picar.

Comúnmente, una medusa bola de cañón en la playa es inofensiva.

Algunas personas tienen pequeñas medusas como mascotas. Las medusas como mascotas necesitan mucho cuidado. Otras personas ven medusas en los zoológicos o en la playa. ¡Es divertido observar a estos animales marinos flotar en el agua!

La medusa es uno de los animales más misteriosos de la Tierra.

Un cuento de la medusa

En Japón, la gente cuenta una historia sobre por qué las medusas tienen cuerpos blandos. Según decían, hubo un tiempo en que la medusa tuvo patas largas, escamas brillantes y un caparazón resistente. Un día, la reina del mar invitó a algunos animales a su fiesta. Secretamente, quería robar partes de sus cuerpos para sí misma. La medusa advirtió a los demás animales sobre su plan. La reina se enojó tanto que le quitó a la medusa sus patas, escamas y caparazón.

Índice